THIS BOOK BELONGS TO:

HAPPY THANKS GIVING

HAPPY
THANKS
GIVING

1

2

3

4

6

8

9

Solutions 1

3

4

5

8

9

Puzzle #1

easy

	9							
		8			4	1		
	1			6		5	7	2
4	3	1	9		2	8		
	8				7	3		5
7	5	6		1			2	
5	6					2	9	3
				3			5	
	2		7				8	6

Puzzle #2

easy

4			7	1		2		
		9	3			8	4	6
			6			7	9	1
		1		7	2	6	8	
9							1	
	7	5				3		4
		2	9	5		4		
	9	4		6	3			
	6	7			4			

Puzzle #3

easy

5	6			2	3		1	
	9		8		7			
			5		1	4		2
9		2	3		6		4	
8		5	7	1		2		6
7		6	4			1		9
	2	3	1	7			6	5
		8					7	
			6			8		

Puzzle #4

easy

	9			2			4	3
		8	7	4	9			2
7			3	6	1			
3						2		
	1			9		6		
	4		6		8		7	
1		3				4		6
	7	5		8	6		1	9
9				1		8	5	

Puzzle #5

easy

		1		5	4			
6		5	2	7	1			
	3	4				1		
			5	1	3		8	7
								9
3	5		8				1	4
	4			2	7	8		1
9	1	6	4				2	3
8			1				9	5

Puzzle #6

easy

Puzzle #7

easy

5	3		9	7		4	2	8
	9	7		4				3
		6	1	2		7	9	
		4	5		8			6
1					2		4	
				6	7	9		1
			7			6	8	
							7	
		9		5	4			2

Puzzle #8

easy

3	8	1	5			7		
	4				9	8		6
	2	6	8	7				4
1			7	9		2	6	
								7
		4	1	2		5		
6				1	7	4	8	3
		9	4	5		6		
4					2	9		

Puzzle #1

2	9	5	1	7	3	6	4	8
6	7	8	5	2	4	1	3	9
3	1	4	8	6	9	5	7	2
4	3	1	9	5	2	8	6	7
9	8	2	6	4	7	3	1	5
7	5	6	3	1	8	9	2	4
5	6	7	4	8	1	2	9	3
8	4	9	2	3	6	7	5	1
1	2	3	7	9	5	4	8	6

Puzzle #2

4	8	6	7	1	9	2	5	3
7	1	9	3	2	5	8	4	6
2	5	3	6	4	8	7	9	1
3	4	1	5	7	2	6	8	9
9	2	8	4	3	6	5	1	7
6	7	5	8	9	1	3	2	4
1	3	2	9	5	7	4	6	8
8	9	4	2	6	3	1	7	5
5	6	7	1	8	4	9	3	2

SOLUTIONS

Puzzle #3

5	6	4	9	2	3	7	1	8
2	9	1	8	4	7	6	5	3
3	8	7	5	6	1	4	9	2
9	1	2	3	8	6	5	4	7
8	4	5	7	1	9	2	3	6
7	3	6	4	5	2	1	8	9
4	2	3	1	7	8	9	6	5
6	5	8	2	9	4	3	7	1
1	7	9	6	3	5	8	2	4

Puzzle #4

6	9	1	8	2	5	7	4	3
5	3	8	7	4	9	1	6	2
7	2	4	3	6	1	9	8	5
3	5	6	1	7	4	2	9	8
8	1	7	5	9	2	6	3	4
2	4	9	6	3	8	5	7	1
1	8	3	9	5	7	4	2	6
4	7	5	2	8	6	3	1	9
9	6	2	4	1	3	8	5	7

Puzzle #5

2	8	1	3	5	4	9	7	6
6	9	5	2	7	1	3	4	8
7	3	4	6	9	8	1	5	2
4	2	9	5	1	3	6	8	7
1	6	8	7	4	2	5	3	9
3	5	7	8	6	9	2	1	4
5	4	3	9	2	7	8	6	1
9	1	6	4	8	5	7	2	3
8	7	2	1	3	6	4	9	5

Puzzle #6

7	5	9	4	6	3	2	1	8
2	3	8	5	9	1	6	7	4
1	6	4	2	7	8	5	9	3
5	1	2	3	8	7	4	6	9
8	9	6	1	5	4	7	3	2
4	7	3	6	2	9	8	5	1
6	2	1	8	3	5	9	4	7
9	4	5	7	1	2	3	8	6
3	8	7	9	4	6	1	2	5

SOLUTIONS

Puzzle #7

5	3	1	9	7	6	4	2	8
2	9	7	8	4	5	1	6	3
8	4	6	1	2	3	7	9	5
9	7	4	5	1	8	2	3	6
1	6	5	3	9	2	8	4	7
3	2	8	4	6	7	9	5	1
4	5	2	7	3	1	6	8	9
6	1	3	2	8	9	5	7	4
7	8	9	6	5	4	3	1	2

Puzzle #8

3	8	1	5	4	6	7	9	2
5	4	7	2	3	9	8	1	6
9	2	6	8	7	1	3	5	4
1	3	5	7	9	4	2	6	8
2	9	8	3	6	5	1	4	7
7	6	4	1	2	8	5	3	9
6	5	2	9	1	7	4	8	3
8	7	9	4	5	3	6	2	1
4	1	3	6	8	2	9	7	5

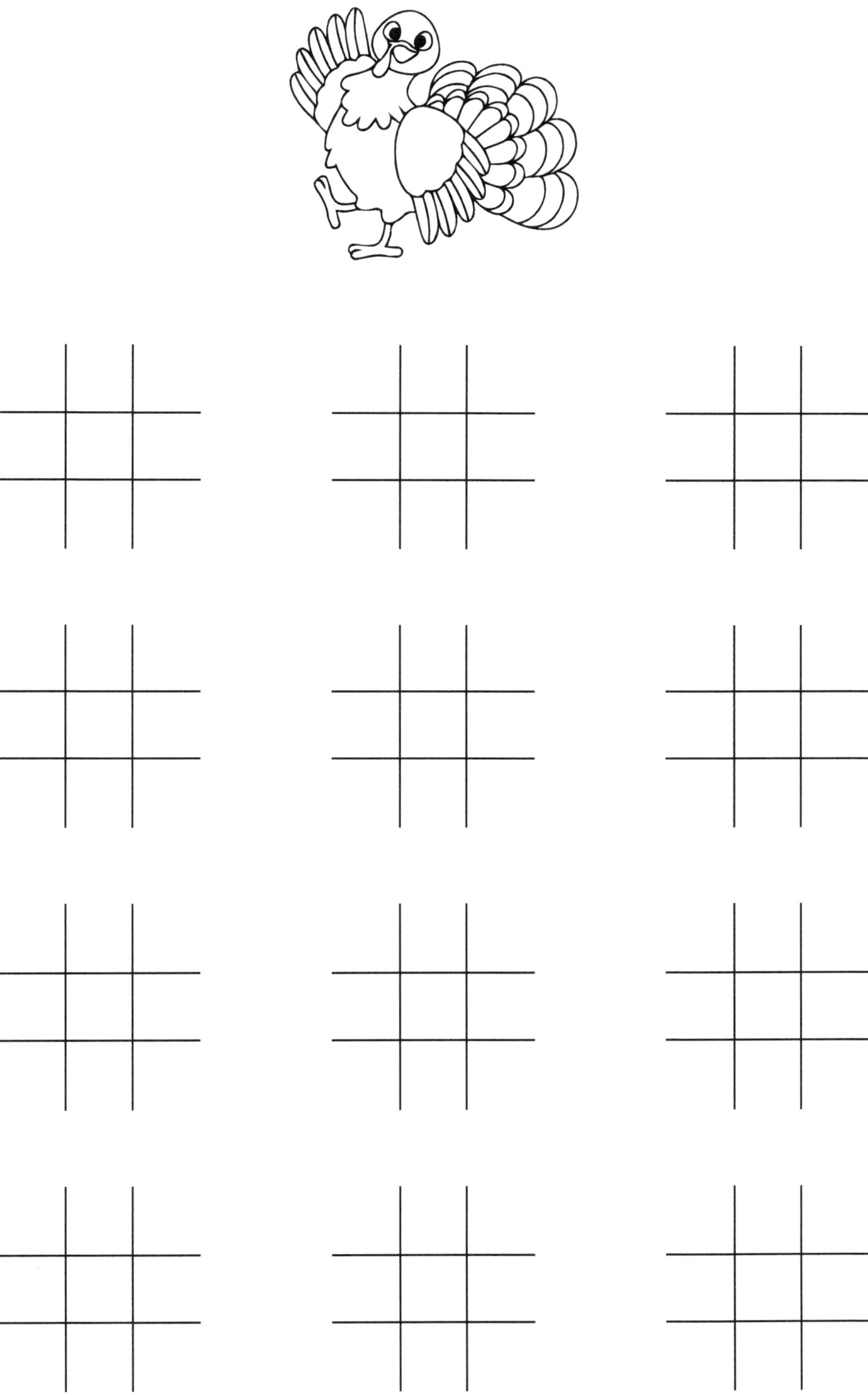

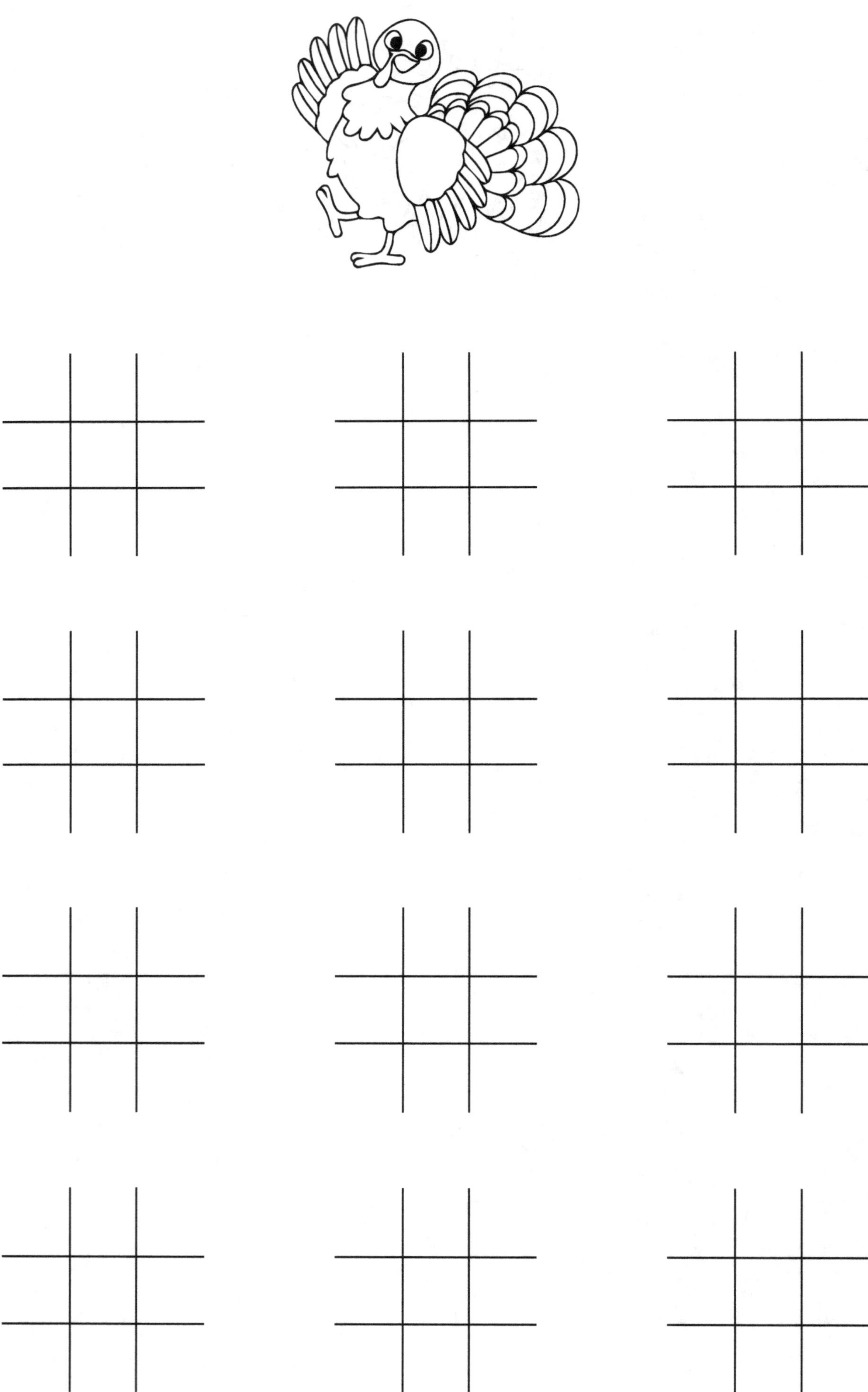

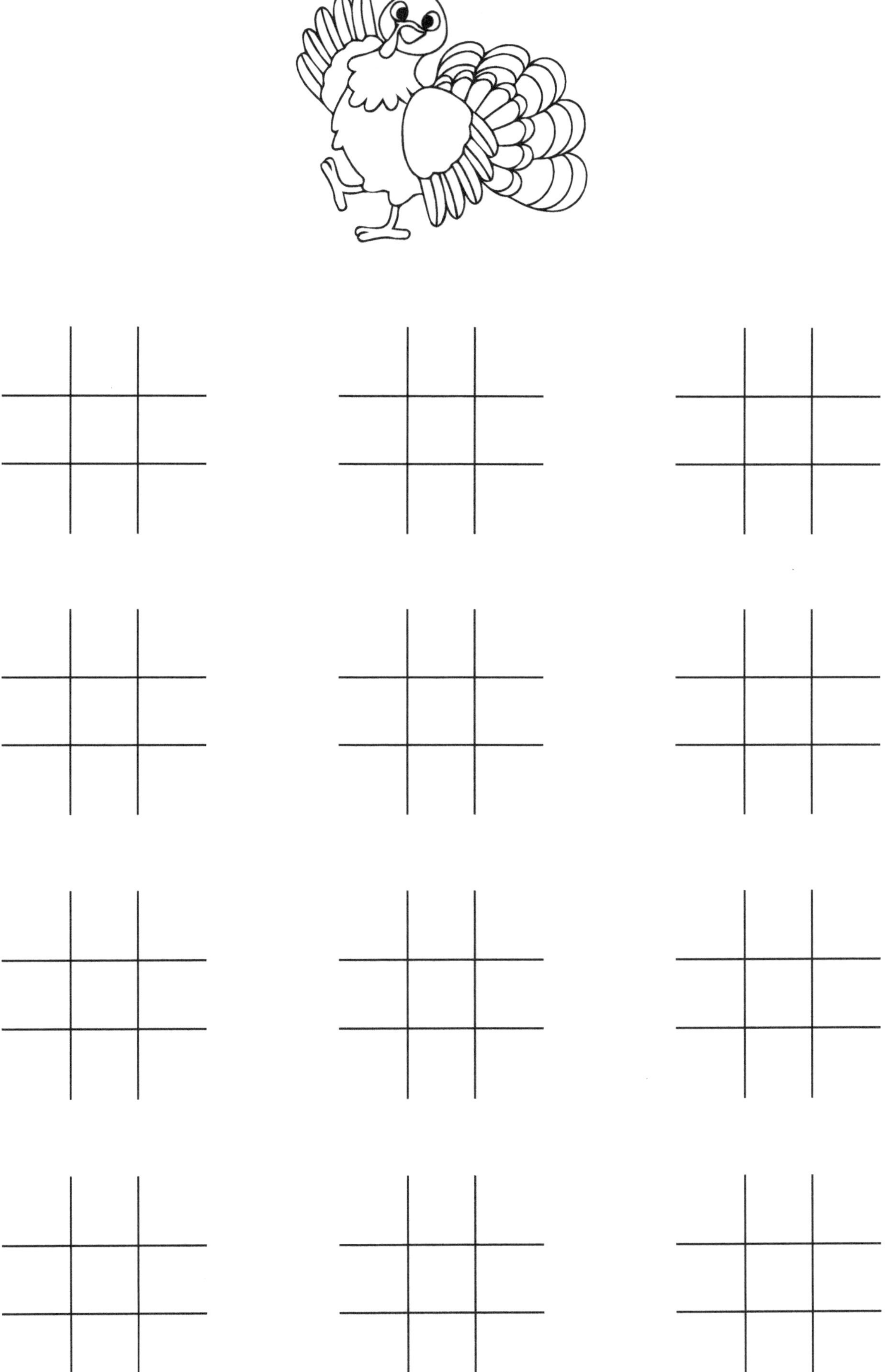

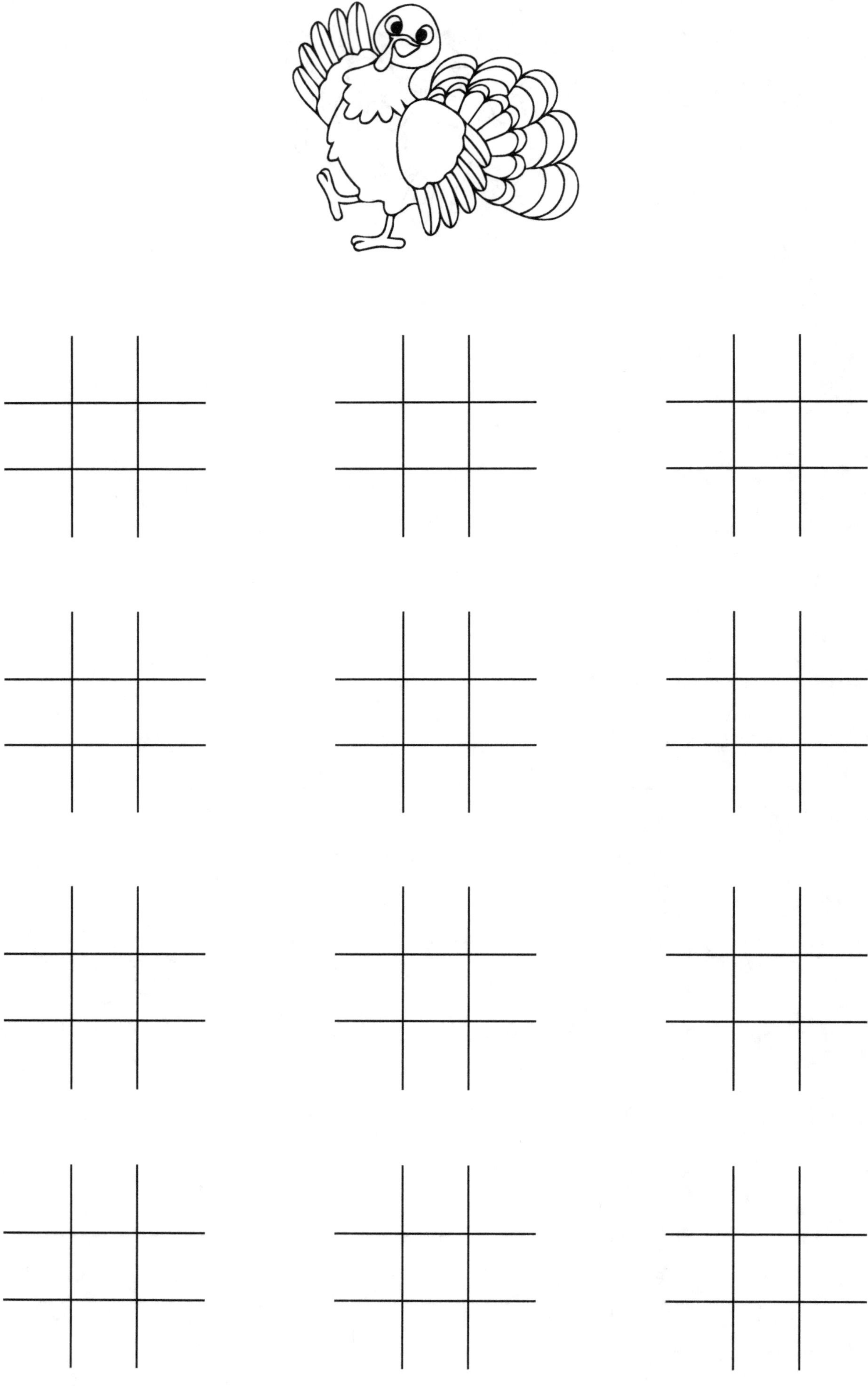

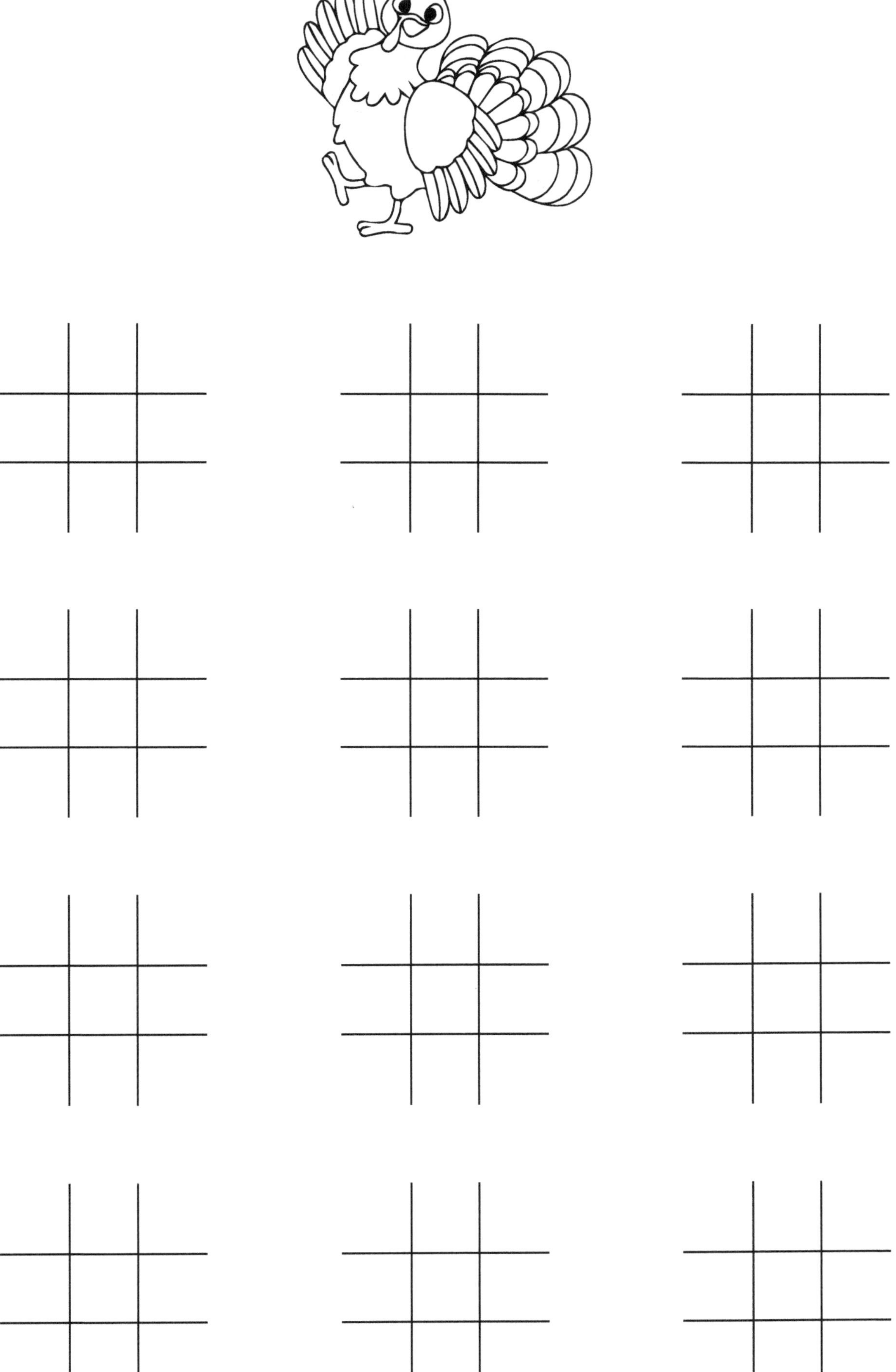

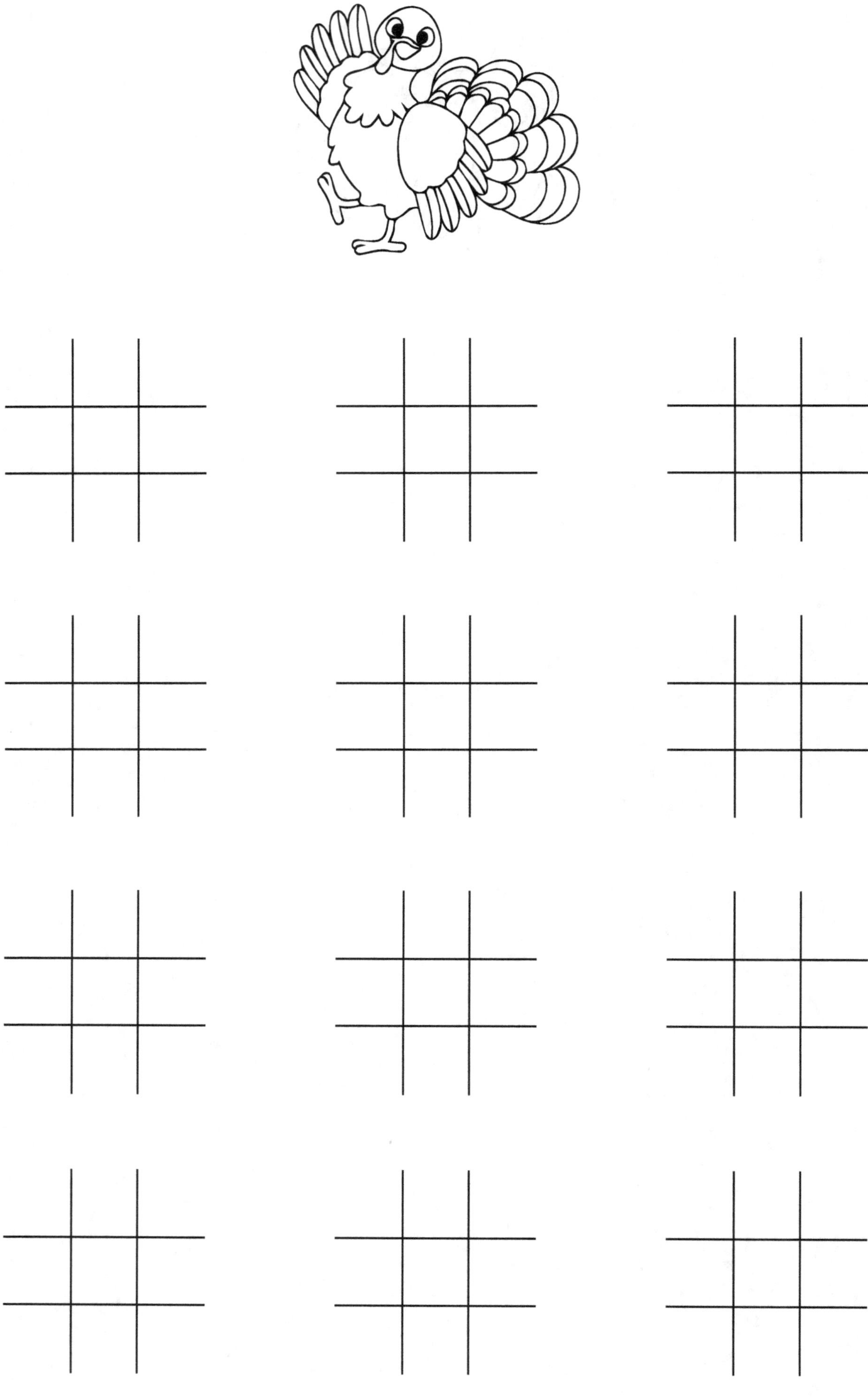

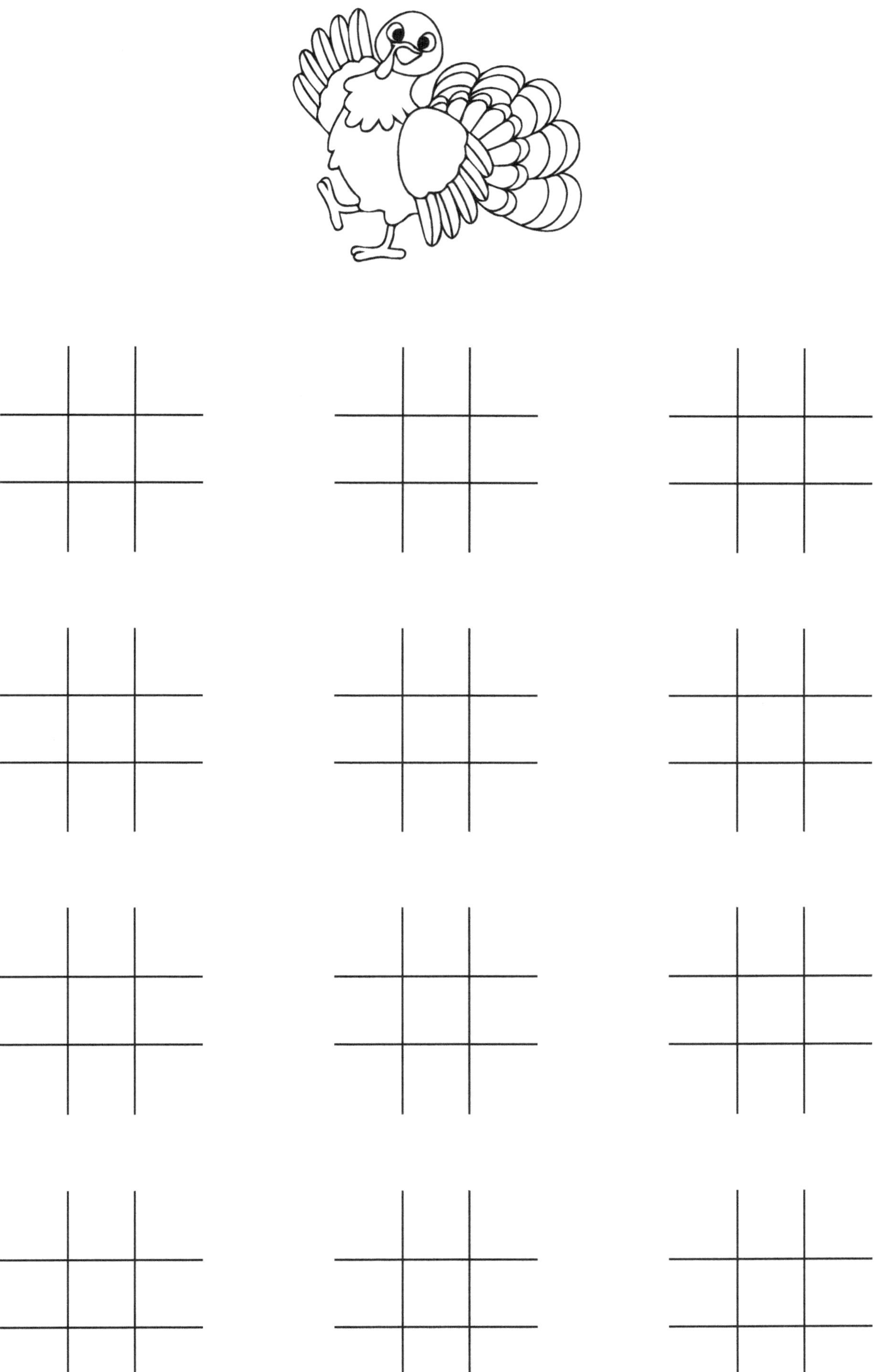

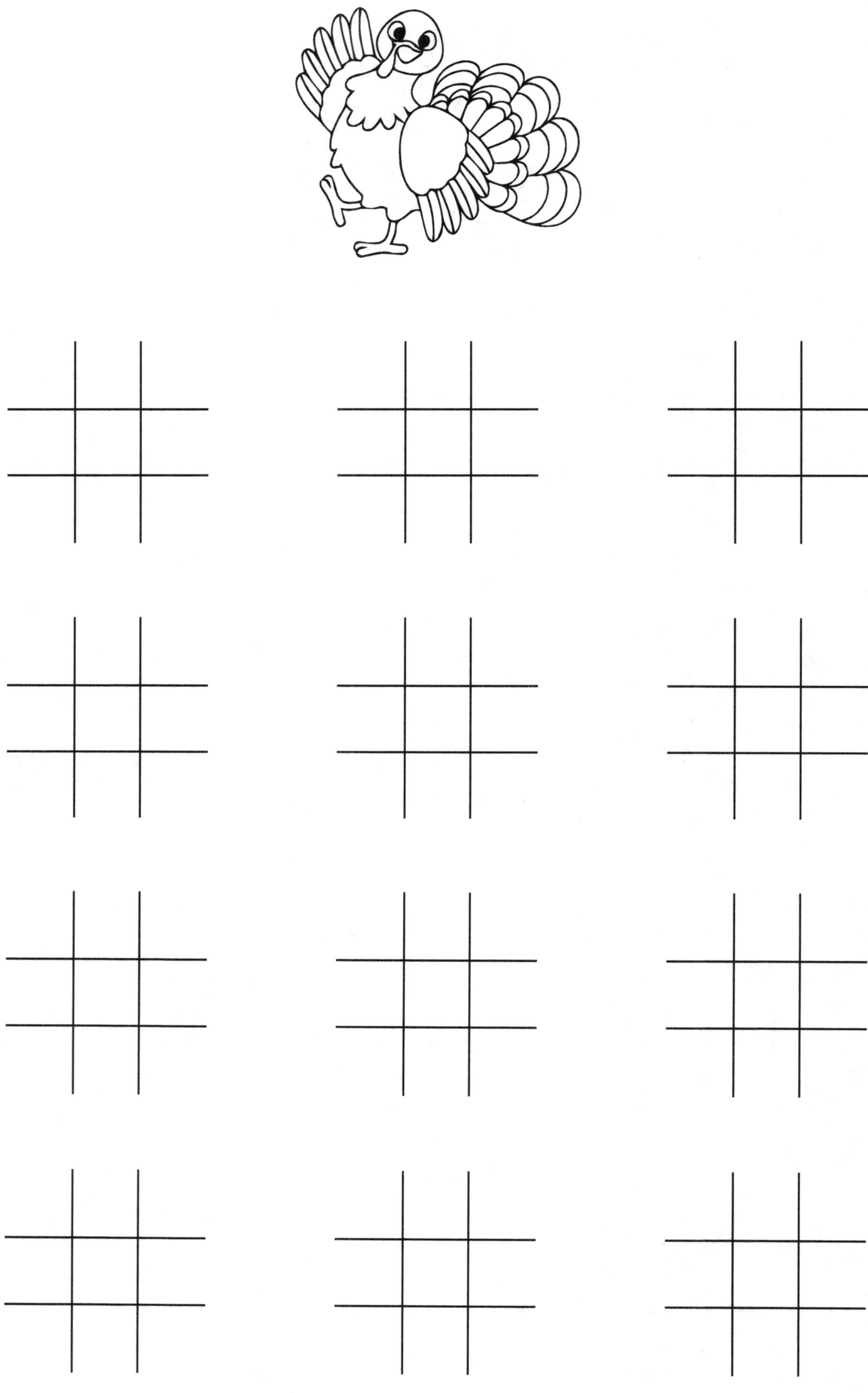

THANKS YOU